Jörg Willems - Raus aus den Schulden

AF219913

Keine Chance der Schuldenfalle

Jörg Willems

Bibliografische Information der Deutschen Nationalbibliothek: Die Deutsche Nationalbibliothek verzeichnet diese Publikation in der Deutschen Nationalbibliografie; detaillierte bibliografische Daten sind im Internet über http://dnb.dnb.de abrufbar.

Herstellung und Verlag: BoD – Books on Demand, Norderstedt

ISBN: 978-3-751-97061-7

RECHTLICHE HINWEISE

Inhalt

Rechtliche Hinweise _____ 7

Einleitung _____ 13

Zehn Prozent stecken schon mitten drin _____ 15

Was sind die Gründe für Schulden? _____ 16

Eine ganze Nation auf Pump? _____ 17

Wie rutscht man in die Schuldenfalle? _____ 18

Was ist die Schufa? _____ 20

Was ist ein persönliches „Scoring"? _____ 21

Wo sind die Stolpersteine des Lebens? _____ 22

Kennen Sie den Sprit-Trick? _____ 23

Die Goldring-Falle _____ 24

Der Bahnsteig-Helfer-Trick _____ 24

Der gemeine Enkel-Trick _____ 25

Legen Sie Ihre soziale Ader beiseite _____ 25

Wie Sie sich selbst schützen können: _____ 26

Aber bitte mit Einkaufszettel _____ 26

Führen Sie ein Haushaltsbuch _____ 26

Frustkäufe vermeiden _____ 27

Keine grossen Geldbeträge mitnehmen _____ 27

Alle Ausgaben überprüfen _____ 28

Machen Sie zu Geld, was Sie nicht brauchen _____ 30

Verdienen Sie auf den Trödelmarkt _____ 30

Schöpfen Sie alle staatlichen Töpfe aus _____ *31*

Arzneizuzahlungen stoppen _____ *31*

Durch Nebenjob Geld verdienen _____ *32*

Dispo oder Kredit? _____ *32*

Brauchen Sie überhaupt Kreditkarten? _____ *33*

Gehen Sie mal in die Suppenküche _____ *34*

Stehen Sie zu Ihrer Not _____ *35*

Energieverschwendungen prüfen _____ *35*

Ist die Wohnung zu gross? _____ *36*

GEZ-Gebühren noch bezahlen? _____ *36*

Verzichten Sie auf Zigaretten _____ *37*

Rücklagen für den Notfall bilden _____ *37*

So schützen Sie sich bei Trennung _____ *38*

Handeln Sie nie für andere _____ *39*

Gewöhnen Sie sich Werberesistenz an _____ *40*

So tappen Sie in die Schuldenfalle _____ *41*

   Die Abo-Falle _____ **41**

   Die Gewinnspiel-Falle _____ **42**

   Böse Überraschung: Das Null-Euro-Handy _____ **42**

Kost nix gibt´s nicht _____ *43*

Schulden durch Jobverlust _____ *43*

Krankheit oder Unfall _____ *44*

Die Fallen im Internet _____ *45*

Der Gehaltsrechner _____ *45*

Der Warentester _____ 46

Schützen Sie sich vor langfristigen Verträgen _____ 47

Die Schnellkredit-Vermittlung_____ 48

Millionär im Internet? _____ 48

Gewinne im Internet? _____ 49

Praktische Tipps gegen die Schuldenfalle_____ 50

   Prepaid-Handy_____ 50

Vorsicht mit persönlichen Daten_____ 50

Treten Sie nie Ihr Gehalt ab_____ 51

Reagieren Sie rechtzeitig_____ 51

Setzen Sie Prioritäten bei Überschuldung _____ 52

Der gerichtliche Mahnbescheid _____ 55

Die Steuerfahndung steht vor der Tür _____ 56

Der Gerichtsvollzieher kommt_____ 57

Offenbarungseid – Was ist das? _____ 58

So schützen Sie Versicherungen vor Insolvenz _____ 60

Heikles Thema Ausbildungsversicherung_____ 61

Wie ist eine Mietkaution zu behandeln? _____ 62

Pfändungsfreigrenzen: Das bleibt Ihnen _____ 63

Das Insolvenzverfahren_____ 65

Wollen sie das wirklich? _____ 68

Nach sechs Jahren schuldenfrei _____ 70

Checkliste - Praktische Tipps gegen die Schuldenfalle
_____ 71

Schlusswort: Nur der Tod ist endgültig! _____ *74*

EINLEITUNG

Schulden können lähmen – manchmal ein Leben lang. Schulden verbreiten Angst und nehmen die Lebensfreude. Schulden belasten und können Beziehungen zerstören. Wer ständig von der Hand in den Mund lebt, für den ist das Leben nicht mehr lebenswert. Nicht wenige Menschen nehmen sich sogar das Leben. Nicht umsonst passieren viele Familientragödien aus finanzieller Not oder in der Schuldenfalle.

Es gibt aber nichts Unlösbares. Für alles ist ein Ausweg da, auch für die Schuldenfalle. Mag die Lage noch so aussichtslos erscheinen, es gibt immer einen Weg. Oft ringt man monatelang um eine Lösung, steht der Verzweiflung nahe, und plötzlich bieten sich gleich mehrere Auswege an. Wie heißt es so schön: „Die Hoffnung stirbt zuletzt!" Wer nicht mehr hoffen kann, der hat sich selbst aufgegeben.

Nur die Verzagten und Mutlosen gehen in der Schuldenfalle unter. Dieses Buch soll Ihnen Mut machen, den Kopf nicht hängen zu lassen. „Ja wir können es schaffen", heißt die klare Botschaft. Dafür muss man aber erst einmal einen freien Kopf haben und dem Problem in die Augen schauen. „Kopf in den Sand" ist hier völlig fehl am Platz. Das macht die Sache nur noch schlimmer. Und „Tricksen" geht auch nicht mehr. Sie können sich nicht ein Leben lang durchtricksen. Irgendwann ist Schluss mit Lustig. Sie müssen endlich Verantwortung übernehmen. Stehen Sie zu Ihren Problemen mit Aufrichtigkeit, dann wird Ihnen auch geholfen.

Die Lage in der Schuldenfalle ist unbestritten problematisch. Aber sie ist nicht hoffnungslos. Dieses Buch ist deshalb ein Mutmacher für alle, die verzweifeln. Es zeigt Ihnen Wege auf, wie Sie aus der Schuldenfalle wieder herauskommen und was Sie einleiten müssen, um nicht ein Leben lang in Angst leben zu müssen. Dieses Buch führt Sie wieder zurück ins ganz normale Leben. Der Weg ist steinig, aber es gibt ihn. Vor allem zeigt das Buch auch Stolpersteine auf, die niemand so ganz genau kennt und die nirgendwo nachzulesen sind. Es gibt nämlich den verbindlichen Schuldenberater nicht. Jeder Fall liegt anders und birgt neue, noch nie da gewesene Problemstellungen. Es sind Lösungen aus ganz praktischen Erfahrungen, die jemand gemacht hat, der den Weg selbst gegangen ist. Vor allem enthält dieser Ratgeber Antworten, auf die selbst so mancher Schuldenberater nicht gekommen wäre. Ihr Schritt war richtig, in dieses Buch zu investieren, denn es hilft Ihnen garantiert. Und vor allem macht es Ihnen Mut.

ZEHN PROZENT STECKEN SCHON MITTEN DRIN

Immer mehr Menschen geraten in die Schuldenfalle. Die Arbeitsgemeinschaft Schuldnerberatung hat mittlerweile rund zehn Prozent der knapp 40 Millionen deutschen Haushalte als überschuldet bezeichnet. Rund sechs Millionen Deutsche sollen nach neuesten Schätzen verschuldet sein. Die Deutschen stehen mit durchschnittlich 23.000 Euro in der Kreide. Rechnet man Immobilienbesitzer und Selbständige dazu, sind es im Durchschnitt sogar 36.000 Euro. Über eine Million Haushalte sind aktuell zusätzlich von der Zahlungsfähigkeit bedroht. Das heißt, sie können laufenden Verpflichtungen wie Miet- und Stromzahlung nicht mehr nachkommen. 44 Prozent der in Zahlungsschwierigkeiten Geratenen sind alleinstehend. Erschreckend ist, dass bei 40 Prozent aller Ratsuchenden Kinder mit betroffen sind. Nicht umsonst hat selbst das Fernsehen dem Problem eine eigene Sendung gewidmet.

WAS SIND DIE GRÜNDE FÜR SCHULDEN?

Gründe für den Weg in die Schuldenfalle gibt es viele: Arbeitslosigkeit, Scheidung, Krankheit oder der Tod des Partners können die Ursachen sein. Besonders jungen Leuten wird es leichtgemacht, schnell Schulden aufzuhäufen. Der überzogene Dispokredit, Ratenkäufe oder Handykosten sind oft die Ursachen. Dazu kommen dann oft noch der teure Führerschein und das Auto. Banken und Geschäftsleute machen es den Verbrauchern sehr einfach. Und in so manchem Insolvenzverfahren wurde den Banken bereits eine Mitschuld attestiert. Beispielsweise, wenn sie ihren Kunden anboten, einen überzogenen Dispokredit in einen Ratenkredit umzuwandeln und vielleicht in die Kreditsumme noch ein neues Sofa oder einen Flachbildfernseher mit einzuberechnen. Auch Kreditkartenfirmen sind allzu lange sehr sorglos mit der Vergabe Ihres Plastikgeldes umgegangen. Aber auch persönliche Gründe wie Spiel- oder Drogensucht können in die Schuldenfalle führen.

EINE GANZE NATION AUF PUMP?

Doch ganz so schlimm wie in Amerika ist die Situation in Deutschland noch nicht. Die Amerikaner haben ja noch viel hemmungsloser gelebt und sich sogar ihr Gehalt vorfinanzieren lassen. Dass die führende Wirtschaftsnation dermaßen auf Pump gelebt hat, rächt sich nun bitter.

Wer einmal in der Schuldenfalle hängt, den belasten tagtäglich Briefe, Rechnungen, Mahnungen und Vollstreckungsbescheide. Manche betreiben leichtsinnig „Vogel-Strauß-Politik" und stecken den Kopf in den Sand. Sie öffnen schon gar nicht mehr die unangenehme Post, was alles aber noch schwieriger macht. So mancher Insolvenzberater hat schon die Hände über den Kopf zusammengeschlagen, wenn die Schuldner mit Schuhkartons voll ungeöffneter Post zu ihnen kamen.

WIE RUTSCHT MAN IN DIE SCHULDENFALLE?

In die Schuldenfalle rutscht man schneller als man denkt. Es wird einem ja heutzutage auch wirklich leichtgemacht. Schon nicht voll geschäftsfähige Kinder bekommen das Sparbuch oder ein Schüler-Girokonto angeboten. Junge Menschen wollen schnell den Führerschein haben. Der ist aber nicht gerade billig. Fahrschulen bieten mittlerweile Teilzahlungsmodelle an. Und eh man sich versieht, hat man mit null Einkommen Kosten für Handy, Führerschein und hippe Klamotten am Hals. So manch ein junger Mensch startet so schon perspektivlos in die Zukunft.

„Wie hoch soll denn Ihr Dispo sein", ist eine beliebte Frage bei Kontoeröffnung. Wenn man den Überblick verliert, kann auch das Handy leicht zur Falle werden. Man telefoniert munter drauf los oder verschickt stundenlang SMS. Erst die hohe Rechnung am Monatsende schreckt einen auf. In allen Kaufhäusern sitzen heutzutage Mitarbeiter, die Sofortkredite gewähren oder Ratenverträge an Ort und Stelle abwickeln. Diese Mitarbeiter rufen, während Sie noch den Kaufvertrag unterschreiben, bei der Schufa an und überprüfen Ihre Kreditwürdigkeit. Schnell übersieht man auch Nachteiliges im Kleingedruckten. Im Internet oder am Telefon werden allzu leicht Daten herausgegeben. Schnell rutscht man hier in eine Abofalle, bei der man eine Zeitung bestellt hat oder

Mitglied in einem Club geworden ist. Das alles trägt dazu bei, heute immer leichter und schneller in die Überschuldung zu kommen.

WAS IST DIE SCHUFA?

Die Schufa (Schutzgemeinschaft für allgemeine Kreditsicherung) ist der Kreditgarant schlechthin in Deutschland. Jeder, der Geld oder Waren auf Pump vergibt, wendet sich kurz an die Schufa und fragt das „Scoring" des Antragstellers ab. Selbst bei Mietverträgen verlangen viele Wohnungseigentümer zuvor eine so genannte „Schufa-Selbstauskunft". Denn jede Anfrage an die Schufa kostet Geld. Die Selbstanfrage muss daher der künftige Mieter auch selbst bezahlen. Aber auch vor Abschluss von Handyverträgen, Ratenkäufen oder Kontoeröffnungen sowie Kreditkartenanträgen wird zuvor die Schufa befragt. Haben Sie mal eine Rechnung nicht bezahlt oder gar einen Mahnbescheid erhalten, dann steht das in den Akten der Schufa. Sollten Sie einen Offenbarungseid geleistet haben oder im Insolvenzverfahren stehen, dann weiß die Schufa Bescheid.

WAS IST EIN PERSÖNLICHES „SCORING"?

So bewertet die Schufa auch Ihre generelle Zahlungsmoral und vergibt für jede Person ein so genanntes „Scoring". Sind Sie ein pünktlicher Zahler, haben vielleicht noch Eigentum als Sicherheit oder ein dickes Bankkonto und ein gutes regelmäßiges Einkommen, dann erreichen Sie ein hohes Scoring und sind gern gesehener Kunde im Autohaus oder bei Kreditkartenfirmen. Leben Sie aber von Hartz IV oder nehmen es nicht so genau mit Ihren Rechnungen und haben bereits einige Teilzahlungsgeschäfte abgeschlossen, dann sieht es schlecht aus mit Ihrem Scoring. Man dürfte Ihnen häufiger abwinken bei dem Wunsch nach einem neuen Handy oder bei einem Auto sowie bei Bestellungen im Versandhandel.

WO SIND DIE STOLPERSTEINE DES LEBENS?

Das Leben bietet so viele Fallstricke. Früher hatte man es mit ganz einfachen Räubern zu tun. Da wusste man, wie und wo man sich schützen musste. Heute werden die Methoden immer raffinierter, die einen plötzlich in Not bringen und damit in die Schuldenfalle treiben. Man muss so höllisch aufpassen, um nicht den Abzockern auf den Leim zu gehen. Schnell erliegt man den Verlockungen wie „Sie haben gewonnen! Wann holen Sie Ihren Preis ab?" oder „Wir schenken Ihnen ein kostenloses Probeabo der Tageszeitung". Gehen Sie immer mit einer gehörigen Portion Distanz an die Sache und sagen sich: Keiner hat etwas zu verschenken. Das sind meistens Lockangebote oder auch „Bauernfänger-Tricks!"

KENNEN SIE DEN SPRIT-TRICK?

Die wirklichen Fallstricke des Lebens lauern heute an der Haustür, auf der Straße, im Internet und am Telefon. Sie haben bestimmt schon von dem hilflosen Rumänen auf dem Autobahnparkplatz gehört. Die ganze Familie sitzt im Auto. Er wendet sich mit hilflosem Gesichtsausdruck an einen herankommen Autofahrer. Er habe kein Benzin mehr im Tank, um seine kranke Tante in Deutschland zu besuchen. Euros habe er auch nicht dabei. Und am Samstag sei keine Bank geöffnet. Ob man ihm nicht 50 Euro leihen könne. Als Pfand bietet er seine eigene goldene Armbanduhr an. Tage später geht der hilfsbereite Mann zu seinem Juwelier, der ihm bescheinigt, dass die Uhr billigste Schrottware sei.

DIE GOLDRING-FALLE

Oder hinter Ihnen bückt sich gerade ein Mann und ruft erstaunt: „Oh schauen Sie mal, ein Goldring." Er tut also so, als habe er gerade einen Goldring gefunden. Dann bietet er Ihnen das Stück an, um es zum Fundbüro zu bringen, und bittet Sie um ein paar Euro. Er sei nur auf der Durchreise. Der Ring ist nichts wert. Wenn Sie ihn schon in die Hand nehmen, werden Sie merken, das ist billigste angemalte Aluminiumware.

DER BAHNSTEIG-HELFER-TRICK

Oder der junge Mann auf dem Bahnsteig, der verschiedene Leute anspricht. Er sei auf der Heimreise von der Bundeswehr nach Hause, habe aber nur noch 15 Euro, die er Ihnen glaubhaft entgegenstreckt. Ihm fehlten 6 Euro für das Ticket, ob man ihm nicht helfen könne. Den Trick macht er schon den ganzen Tag und hat sich damit die 15 Euro bereits ergaunert. Oder der hilfsbereite junge Mann, der alten Leuten am Fahrplan weiterhilft. Ganz raffiniert sind solche, die einem helfen, einen schweren Koffer den Bahnsteig hinaufzutragen und dann anschließend fragen: „Haben Sie vielleicht etwas Geld für mich? Mir knurrt der Magen. Ich möchte etwas essen." Sein Essen besteht garantiert aus Drogen.

DER GEMEINE ENKEL-TRICK

Es gibt noch unzählige weitere Maschen, wie der aus dem Fernsehen bekannte Enkel-Trick. Osteuropäische Banden telefonieren systematisch deutsche Telefonbücher auf der Suche nach alt klingenden Vornamen ab und gaukeln Senioren vor, der Enkel sei am Telefon. Irgendwann gewinnen Sie das Vertrauen. Alte Leute erkennen nicht sofort die Stimme und fallen darauf herein. Unter irgendeinem Vorwand brauchen sie dringend ganz viel Geld, das dann am Ende auch noch ein guter Freund für sie abholt.

LEGEN SIE IHRE SOZIALE ADER BEISEITE

Das sind die einen Fallstricke des Lebens. Man muss manchmal durchaus hart bleiben, auch sich selbst und seiner inneren sozialen Einstellung gegenüber. Sie müssen in dieser raffinierten Welt ganz einfach abgestumpfter werden, nicht so leichtgläubig sein. Auch das ist ein Weg aus der Schuldenfalle. Denn Gauner haben es leicht raus, bei anderen eine soziale Ader zu erkennen und diese schamlos auszunutzen. Sie können Ihr soziales Gewissen auch anderweitig seriös beruhigen, indem Sie für einen ganz konkreten Zweck spenden. Dann können Sie sich selbst immer wieder sagen: Ich habe meine soziale Pflicht erfüllt.

WIE SIE SICH SELBST SCHÜTZEN KÖNNEN:

Aber bitte mit Einkaufszettel

Ein ganz einfacher Trick gegen zu große Einkäufe im Supermarkt und damit gegen die Geld-Verschleuderung ist der gute alte Einkaufszettel. So stoppen Sie nutzlose Ausgaben und verhindern die Ebbe in der Haushaltskasse schon bei Monatsmitte. Halten Sie sich konsequent daran, nur das einzukaufen, was Sie wirklich brauchen. Das ist eine gute Übung gegen die Schuldenfalle. Überlegen Sie sich genau, was Sie in den nächsten Tagen wirklich brauchen. Schauen Sie vorher in Ihren Kühlschrank. Überprüfen Sie die Haltbarkeit Ihrer Lebensmittel. Vergessen Sie nicht das Gefrierfach. Auch da kann Ware mit ablaufendem Datum ungenießbar werden.

FÜHREN SIE EIN HAUSHALTSBUCH

Machen Sie sich die Mühe und führen Sie ein Haushaltsbuch. Nur so behalten Sie den Überblick über Ihre Einnahmen und Ausgaben. So verhindern Sie auch, dass Sie am Ende mehr ausgeben als Sie einnehmen. Vor allem sehen Sie, wo fixe und wo variable Kosten sind. An den variablen Ausgaben können Sie nämlich drehen, etwa, wenn Sie feststellen, dass Sie zu viel für Kosmetik oder Restaurants ausgeben.

FRUSTKÄUFE VERMEIDEN

In der Not neigt so mancher dazu, sich etwas Gutes tun zu wollen. Quasi als Belohnung für den Frust über das knappe Geld kauft man sich auch noch etwas. Oder man leidet unter Übergewicht und kauft sich trotzdem eine Torte. Man erkauft sich Glücksgefühle mit Geld, das man gar nicht hat, also auf Pump. Solche Frustkäufe sind auch die Ursache für Schulden.

KEINE GROSSEN GELDBETRÄGE MITNEHMEN

Haben Sie schon mal bemerkt, dass Sie automatisch großzügiger reagieren, wenn Sie die Geldbörse voller Scheine haben? Wenn wenig drin ist, gibt man auch weniger aus. Steht mehr zur Verfügung, neigt man eher dazu, Dinge noch so eben mal im Vorbeigehen mitzunehmen, die man eigentlich gar nicht braucht.

ALLE AUSGABEN ÜBERPRÜFEN

Überprüfen Sie einfach alles in Ihrem Haushalt: vom Auto bis zum Bücherclub.

Brauchen Sie das teure Auto noch? Vielleicht kommen Sie auch mit einem kleineren zurecht, der weniger Sprit frisst, nicht so teuer in Versicherung und Steuern ist. Unter Umständen kann man auch zeitweise ganz auf einen Wagen verzichten.

Mit der Zeit hat man so viele Versicherungen angehäuft. Hinterfragen Sie kritisch, ob das alles notwendig ist. Im Internet können Sie zudem die günstigsten Tarife herausfinden. Vielleicht ist Ihre Versicherung ja wirklich viel zu teuer. Aber Vorsicht: Versicherung ist nicht gleich Versicherung. Sie müssen auch das Leistungsspektrum gegenüberstellen.

Zahlen Sie vielleicht zu viel Strom? Dann suchen Sie sich einen günstigeren Anbieter. Das geht heutzutage so einfach.

Manchmal weiß man gar nicht, wo man überall Mitglied ist und welchem Verein man angehört. Das macht sich manchmal erst bei der Jahresabbuchung vom Konto bemerkbar. Also ran an die alten Kontoauszüge. Durchforsten Sie sie nach Abbuchungen und Lastschriften. Muss das alles sein?

Kündigen Sie in der Schuldenfalle alles, was nicht zwingend notwendig ist. Zeitungen, Magazine, Decoder, Fußballvereine, Kreditkarten, Motorclubs und was es sonst noch alles gibt.

Versuchen Sie auch, eine außerordentliche Kündigung mit Ihrer besonderen finanziellen Situation durchzubekommen, indem Sie etwa auf Arbeitsplatzverlust oder Krankheit hinweisen.

Durchforsten Sie auch Telefonverträge. Vielleicht sind günstigere Anbieter auf dem Markt.

Manchmal muss man auch erst einmal eine etwas größere Investition tätigen, um langfristig Kosten zu sparen, etwa den Kabelvertrag kündigen und eine eigene Antennen-Schüssel kaufen und installieren.

MACHEN SIE ZU GELD, WAS SIE NICHT BRAUCHEN

Sie haben doch bestimmt wertvolle Sachen, um die Sie sich seit Jahren nicht mehr gekümmert haben. Sie bedeuten Ihnen auch eigentlich nicht so viel. Stöbern Sie alles einmal gründlich durch. Unter Umständen finden Sie Goldreste von Ihrer letzten Zahnprothese oder ein altes defektes Goldarmband, das sich zu reparieren nicht mehr lohnt. Überall finden Sie Händler, die Gold zu fairen Tageskursen aufkaufen oder altes Silberbesteck. Juweliere bieten Ihnen manchmal auch gutes Geld für defekte Armbanduhren. Machen Sie also alles zu Geld, woran Ihr Herz nicht mehr hängt und was sowieso nur nutzlos in irgendwelchen Dosen und Schachteln verstaubt.

VERDIENEN SIE AUF DEN TRÖDELMARKT

Und wenn Sie schon beim Durchstöbern sind, dann sortieren Sie einfach alles mal aus, was Sie schon seit Jahren in Umzugskartons angesammelt haben. Altes Porzellan, Ihr ausrangiertes Bügeleisen, der noch funktionstüchtige Staubsauger älterer Bauart, die Modelleisenbahn aus Kindeszeiten, Bilder oder Möbelstücke, die Sie eigentlich nicht mehr brauchen. Und dann schauen Sie in die kostenlosen Anzeigenblätter nach den nächsten Trödelmärkten. Dort melden Sie sich an und bieten Ihr ausrangiertes Zeug an. Wenn Sie Glück haben, bringt Ihnen das auch etwas ein auf Ihrem Weg raus aus der Schuldenfalle. Klein-Vieh macht bekanntlich auch Mist.

SCHÖPFEN SIE ALLE STAATLICHEN TÖPFE AUS

Haben Sie gewusst, dass auch Besitzer von Wohnungseigentum Wohngeld beantragen können? Nein! Dann wird es aber Zeit, mal den spitzen Bleistift zur Hand zu nehmen und zu rechnen. Sollten Sie nämlich Ihren Job verloren haben und jetzt weniger Einkünfte haben, dann steht Ihnen unter Umständen sogar Wohngeld zu. Lassen Sie sich das von dem Sachbearbeiter im Wohnungs- oder Sozialamt doch einfach ausrechnen. Genauso steht es mit anderen staatlichen Zuwendungen, etwa bei Kindergartenbeiträgen, für Alleinerziehende, Betreuungskosten, Schul- und Kleiderbeihilfen, Heizkostenzuschüssen oder Eltern-geld. Prüfen Sie einfach alles und stellen notfalls die Anträge. In der Schuldenfalle müssen Sie das mit einbeziehen.

ARZNEIZUZAHLUNGEN STOPPEN

Unter bestimmten Voraussetzungen befreit Sie Ihre Krankenkasse auch von der Pflicht der Zuzahlung zu Arzneimitteln, Praxisgebühr und Anwendungen. Wenn Sie plötzlich weniger verdienen oder gar kein Einkommen mehr haben, können Sie freigestellt werden und erhalten einen entsprechenden Ausweis. Chronisch Kranke, die ständig Medikamente benötigen, müssen nämlich nur maximal bis zu einem Prozent ihrer Einkünfte jährlich zuzahlen. Haben Sie die Grenze erreicht, ist alles Weitere frei.

DURCH NEBENJOB GELD VERDIENEN

Wenn alles nichts hilft, dann muss man auch darüber nachdenken, ob nicht durch ein Mehr an Arbeit auch mehr Geld hereinkommt. Überlegen Sie doch mal, ob Sie nicht mit Ihrem ältesten Sohn nachts Zeitungen austragen oder mit der Tochter morgens Brötchen verteilen. Da ist die ganze Familie aufgerufen, den Karren aus der Schuldenfalle zu ziehen. Ihre Kinder können zum Beispiel beim Nachbarn den Rasen mähen, den Hund ausführen oder Babysitter spielen. In der Not muss man einfach alle Möglichkeiten ausschöpfen.

DISPO ODER KREDIT?

Sie überziehen regelmäßig Ihren Dispositionskredit und merken gar nicht mehr, wie viel Sie eigentlich dafür bezahlen. Die Zinsen sehen Sie kaum auf Ihrem Kontoauszug. Dass die aber horrend sind, wissen Sie doch – oder etwa nicht? Deshalb ist es manchmal besser, den überzogenen Dispo in einen Ratenkredit zu fassen. Dort bekommen Sie nämlich günstigere Zinskonditionen und sparen unter Umständen eine Menge Geld. Machen Sie aber bitte nicht den Fehler, und fangen gleich erneut wieder an, Ihren Dispo-Rahmen voll auszuschöpfen. Denn dann haben Sie gleich zwei Zinstöpfe zu bedienen. Und so rutschen nämlich viele in die Schuldenfalle.

BRAUCHEN SIE ÜBERHAUPT KREDITKARTEN?

Es wird einem ja heutzutage so leichtgemacht. Überall wird einem das Plastikgeld hinterhergeworfen. Anträge unterschreiben Sie im Vorüber gehen. Dann werden Ihnen noch attraktive Konditionen (etwa im ersten Jahr beitragsfrei) angeboten, und als Draufgabe kommt noch ein tolles Geschenk dazu. Ja wer greift da nicht zu. Und schnell hat man wieder eine Möglichkeit, in die Schuldenfalle zu geraten. Ist der Kreditrahmen bei der Bank ausgereizt und der Dispo bis zur Oberkante Unterlippe beansprucht, ja dann haben wir ja noch die Kreditkarte. So rutscht man in die Schuldenfalle. Wehret den Anfängen! Bauen Sie sich selbst Schranken in Ihre Finanzen ein. Überlegen Sie sich ganz genau, ob Sie überhaupt Kreditkarten benötigen. Sind Sie eher ein leichtsinniger Typ, der schnell mal 'nen Euro zu viel ausgibt? Schätzen Sie sich selbstkritisch ein. Dann lassen Sie die Finger von Kreditkarten. Und wenn Sie schon welche haben, geben Sie sie in der Schuldenfalle zurück. Das bewahrt Sie vor weiterem Leichtsinn und vielleicht kriminellen Handlungen.

GEHEN SIE MAL IN DIE SUPPENKÜCHE

In manchen Städten und Gemeinden werden so genannte Suppenküchen für Bedürftige angeboten. Gehen Sie in Ihrer Not ruhig dorthin. Verstecken Sie nicht Ihr Problem. Sie werden sich wundern, wie Ihnen die Leute begegnen und Ihnen helfen. Denn so mancher spendet viel lieber konkret in der Nachbarschaft als an anonyme Organisationen zu überweisen. Da weiß er nämlich, wo das Geld hingeht. Oder besuchen Sie die Kleiderkammer der Kirchenorganisation. Mancherorts gibt es auch Lebensmittelausgaben. Trauen Sie sich und schämen Sie sich nicht. Neuerdings gibt es sogar Futterausgabe für Tiere. Denn man hat festgestellt, dass es den Leuten immer schlechter geht und folglich auch immer mehr Vierbeiner im Tierheim abgegeben werden. Mit solchen kostenlosen Angeboten entlasten Sie Ihre Haushaltskasse und tragen so zum Weg aus der Schuldenfalle bei.

STEHEN SIE ZU IHRER NOT

Grundverkehrt wäre es, in der Schuldenfalle Scham zu zeigen. Gehen Sie offen mit Ihrer Not um. Sie brauchen nichts zu verheimlichen und schon mal gar nicht auch noch den schönen Schein zu wahren. So mancher ist schon dadurch in die Schuldenfalle geraten, dass er mit den Nachbarn mithalten wollte. Das würde das Problem ja noch schlimmer machen, wenn Sie in der Schuldenfalle so tun würden, als ginge es Ihnen blendend. Sie verschulden sich noch mehr und drehen da an einem Rad, das nicht mehr aufzuhalten ist. Prestigekäufe sind absolut überflüssig.

ENERGIEVERSCHWENDUNGEN PRÜFEN

In der Schuldenfalle sollten Sie auch darüber nachdenken, ob Sie nicht irgendwo Geld zum Fenster hinauswerfen. Verschwenden Sie Strom, etwa dadurch, dass viele Geräte auf „Stand-by" geschaltet bleiben? Haben Sie überall Energiesparlampen eingesetzt? Ist der Gefrierschrank zwischendurch mal abgetaut worden? Kann man die Waschmaschine nicht optimaler ausnutzen? Schalten Sie Heizkörper nachts runter? Ist der Computer den ganzen Tag über eingeschaltet? Hier helfen einem auch die Versorgungsunternehmen. Sie geben praktische Tipps, wo Sie Strom, Gas, Wasser und Fernwärme einsparen können. Das kann bis zu einige hundert Euro im Jahr ausmachen.

IST DIE WOHNUNG ZU GROSS?

Sie dürfen auch der schmerzlichen Frage, ob die bisherige Wohnung nicht doch zu groß ist, nicht ausweichen. Steht vielleicht ein Zimmer ständig leer, dass eigentlich als Gästezimmer gedacht war? Tante Frieda kommt einmal im Jahr. Da kann man ihr doch das eigene Schlafzimmer zur Verfügung stellen. Dafür braucht man nicht ständig ein eigenes Zimmer vorzuhalten. Sind die Kinder vielleicht schon aus dem Haus und kommen nur hin und wieder zu Besuch? Manchmal muss man solche Fragen nüchtern bewerten und notfalls auch dann die Entscheidungen treffen. Man spart langfristig eine Menge Geld und hilft sich so aus der Schuldenfalle.

GEZ-GEBÜHREN NOCH BEZAHLEN?

Wenn Sie schon einmal in der Schuldenfalle stecken, muss auch die Frage erlaubt sein, ob Sie noch Fernseh- und Rundfunkgebühren an die GEZ bezahlen müssen. Prüfen Sie das bei der GEZ. Vielleicht verzichten die in Ihrer speziellen Notlage sogar auf die vierteljährlich eingezogenen Gebühren. Menschen, die früher Sozialhilfe bezogen, wurden davon nämlich freigestellt.

VERZICHTEN SIE AUF ZIGARETTEN

In vielen Haushalten ist das Rauchen ein ganz gewaltiger Kostenfaktor. Hier lassen sich manchmal bis zu einige hundert Euro einsparen. Jetzt ist die Zeit gekommen, über den Glimmstängel-Verzicht nachzudenken. Das hat nämlich auch noch einen gesundheitlichen Vorteil. Sagen Sie sich zumindest, dass Sie das Rauchen einschränken wollen. Legen Sie ein festes Budget für die Glimmstängel fest. Vielleicht gelingt es Ihnen ja in der Schuldenfalle auch, sich ganz das Rauchen abzugewöhnen.

RÜCKLAGEN FÜR DEN NOTFALL BILDEN

Haben Sie schon mal daran gedacht, für Notfälle Rücklagen zu bilden? So wie jeder Hausbesitzer und jede Fabrik Rücklagen bilden, sollten Sie selbst auch vorsorgen. Es kann immer mal etwas unvorhergesehen kaputtgehen. Am Haus kann das Dach undicht werden. Die Waschmaschine gibt den Geist auf. Das Auto hat einen Defekt. Es gibt so viele Dinge, die passieren können. Man kann nicht immer im Leben „auf der Felge fahren", wie man so salopp sagt. Irgendwann geht´s schief. Und dann steht man unvorbereitet da.

SO SCHÜTZEN SIE SICH BEI TRENNUNG

Viele Stolpersteine in die Schuldenfalle sind auch Beziehungs-Trennungen. Alles war auf einen gemeinsamen Haushalt ausgerichtet. Nun fangen Sie wieder von vorne an, haben vielleicht auch noch Unterhaltsverpflichtungen für Partner/in und Kinder am Hals. Schon rutscht man in die Überschuldung. Manchmal hat man auch noch für Kredite des Partners mitunterschrieben und wird dafür nun auch noch voll zur Verantwortung gezogen. Da viele Menschen nach einer Scheidung oder Trennung in die Schuldenfalle geraten, sind hier auch besondere Vorsichtsmaßnahmen geboten:

- Nicht verheiratete Paare sollten einen Mietvertrag immer gemeinsam unterschreiben, damit einer von beiden im Falle der Trennung sein Zelt nicht unter der Brücke aufschlagen muss.
- Gemeinsame Konten sollten sofort gekündigt werden. Wenn die Trennung im Streit erfolgt, reicht auch die alleinige Kündigung eines Partners. Somit erreicht man zumindest, dass man von dem Zeitpunkt an nicht mehr für Bankgeschäfte seines Ex-Partners verantwortlich gemacht werden kann.
- Grundsätzlich gilt aber: Jeder Partner haftet für seine – auch während der Beziehung – eingegangenen eigenständigen Schulden auch alleine.
- Häufig verlangt aber die Bank bei größeren Kreditgeschäften die gemeinsame Unterschrift beider Partner. Zwei haftbar zu machen, ist immer besser, als nur einem hinterher zu jagen. Das sind übrigens auch häufig Gründe für die Schuldenfalle: Sie haben für einen größeren Kredit Ihres Partners mitgebürgt.

Tipp: Kündigen Sie sofort alle Daueraufträge und Abbuchungen. Lastschriften können Sie sogar noch acht Wochen rückwirkend zurückfordern.

HANDELN SIE NIE FÜR ANDERE

Häufige Ursache für die Schuldenfalle sind Geschäfte, die Sie als puren Freundschaftsdienst für die beste Freundin oder den besten Freund getan haben. Der ist in Schwierigkeiten und bittet Sie, einen Mobilfunk- oder Kreditkartenvertrag für ihn auf Ihrem Namen abzuschließen. Sie sind ihm vielleicht noch einen Gefallen schuldig. Lassen Sie sich nicht unter Druck setzen. Sagen Sie sich immer wieder: Beim Geld hört bekanntlich die Freundschaft aus. Denn so rutschen Sie persönlich in die Schuldenfalle. Geben Sie auch nie Ihren Namen leichtfertig als Konzessionsträger her, etwa für eine Kneipe. Oder treten Sie auch nicht ehrenhalber als Geschäftsführer auf, ohne sich vorher genau abzusichern. Auch das sind häufig Gründe dafür, um in die Schuldenfalle zu rutschen. So manche Oma ist hier schon ihrem Enkel auf den Leim gegangen und dabei auf ihre alten Tage noch in erhebliche Schwierigkeiten gekommen.

Geben Sie auch nicht Ihre Kredit- oder EC-Karten zur Nutzung an andere ab. Lösen Sie nie für andere Schecks auf Ihrem Konto ein, Sie könnten sich der Geldwäsche strafbar gemacht haben, auch wenn man Ihnen ein noch so fürstliches Honorar anbietet. Lassen Sie auch keine Transaktionen anderer über Ihr Konto laufen. Ihr Konto ist Ihr ganz privates eigenes, und so soll es auch bleiben.

GEWÖHNEN SIE SICH WERBERESISTENZ AN

Unser System von Angebot und Nachfrage produziert solche Verlockungen und findet immer wieder Leute, die darauf hereinfallen. Das sind Schwächen des Marktes, des freien Spiels der Kräfte. Um nicht in die Schuldenfalle zu rutschen, ist es daher auch erforderlich, sich eine gewisse Werberesistenz anzueignen. Gewöhnen Sie sich an, nicht mehr allen Verlockungen zu erliegen. Lassen Sie die vermeintlichen Angebote an Ihnen abprallen. Nicht alles, wo Angebot draufsteht, ist wirklich preiswert. Oft wird heutzutage nämlich bei der Packungsgröße gemogelt. Beispiel: Da gibt es jetzt irische Butter für 90 Cent im Regal, die vorher 1,25 Euro gekostet hat. Das Stück wiegt aber nicht mehr 250 Gramm, sondern nur noch 200 Gramm.

SO TAPPEN SIE IN DIE SCHULDENFALLE

Ganz andere Fallstricke, die einen langfristig teuer zu stehen kommen, sind solche, bei denen Sie sich über einen längeren Zeitraum binden. Ob es nun Mitgliedschaften in einem Club sind, Handyverträge oder regelmäßige Zeitungszustellungen, Sie haben die Kosten erst einmal am Hals.

Die Abo-Falle

Man schenkt Ihnen an der Haustür ein paar Zeitschriften, Magazine oder Bücher. Dann befragt man sie zu Ihrem Leseverhalten, zu Ihren Hobbys oder Freizeitverhalten. Als kleine Gegenleistung sollen Sie nur die Fragen beantworten und vielleicht noch dem „Vertreter", der selbstverständlich ein Namenskärtchen am Revers hat, das ihn quasi ausweist, das Interview schriftlich bestätigen. Vorsicht. Eventuell bestellen Sie gerade etwas, dass Sie gar nicht wollen. Und schon stecken Sie in der **Abofalle**. Denn dann haben Sie plötzlich für ein Jahr lang ein Magazin bestellt.

Die Gewinnspiel-Falle

Oder am Telefon ruft Sie eine freundliche Stimme an und verweist darauf, dass Sie an einem **Gewinnspiel** teilgenommen oder ein kostenloses Zeitungsabo erhalten haben. Jetzt will man Ihnen weismachen, dass Sie noch viel mehr bekommen können. Man hat Sie ja quasi schon angeködert. Sie werden ein wenig in die Rolle desjenigen gedrängt, der jetzt in der Pflicht steht. Es ist ähnlich wie an der Wurst-, Käse- oder Kuchentheke. Man legt Ihnen ein Häppchen hin und füttert Sie an. Sie fühlen sich ein wenig in der Pflicht, nun zu kaufen. Werden Sie resistent wie der ältere Herr, der jeden Morgen selbstbewusst ins Kaufhaus ging, sich in der Kosmetikabteilung immer einen anderen Duft aufsprühte, in der Konfiserie sich ein Bonbon nahm und beim Bäcker einen Happen frischen Kuchen verzehrte – alles umsonst und ohne Kaufzwang.

Böse Überraschung: Das Null-Euro-Handy

Genauso ist es bei Handyverträgen. Man ködert Sie mit einer geringen Monatsrate. Sie übersehen aber, dass Sie die 24 Monate lang bezahlen müssen und unter Umständen hohe Kosten für die einzelnen Gespräche in Kauf genommen haben. Die Firmen ködern Sie mit einem attraktiven Gerät, das Sie Ihnen quasi kostenlos geben. Sie verdienen erst an den monatlichen Gebühren und Gesprächen. Sie haben aber 24 Monate lang die Kosten am Hals. Also: Vorher genau rechnen!

KOST NIX GIBT´S NICHT

Vor allem das Streben der Menschen nach Kostenlosem, nach Geschenken, nach Mitgaben und nach allem, was es irgendwo **umsonst** gibt, nutzen solche Geschäftemacher aus. Menschen werden zu Tieren, wenn es etwas umsonst gibt. Man erkennt sie plötzlich nicht mehr wieder. Ja wie Raubtiere, die anderen die Beute aus dem Maul reißen. Diesen niederen Instinkt nutzen die Abzocker aus und stellen ihnen damit eine Falle. Sagen Sie sich öfter mal: Was nutzt mir der hundertste Kugelschreiber. Der liegt ja sowieso nur rum. Soll ich mich dafür dem Stress der Massenrangelei aussetzen?

SCHULDEN DURCH JOBVERLUST

Aber auch die plötzliche **Arbeitslosigkeit** kann Ursache dafür sein, in die Schuldenfalle abzurutschen. Sie haben vielleicht gerade ein Haus im Vertrauen darauf gebaut, dass Ihr Arbeitsverhältnis langfristig gesichert ist. Ihre Firma gerät in den Konkurs, und Sie sind Ihren Job los, können die Hypotheken nicht mehr bezahlen. Schon beginnt die Schuldenspirale. Die Bank kündigt den Kredit, Ihr Haus kommt in die Zwangsversteigerung. Reden Sie mit Ihrer Bank und bitten um Zahlungsaufschub. Es ist immer besser, Probleme direkt anzusprechen, als sie auflaufen zu lassen. Sie können auch für einige Monate Zahlungsaussetzung beantragen.

KRANKHEIT ODER UNFALL

Persönliche Unglücke oder **Krankheiten** sind weitere Stolpersteine in die Schuldenfalle. Sie haben einen **Unfall**, können Ihren alten Beruf nicht mehr ausüben, sind dagegen aber auch nicht abgesichert. Was tun? Die Kosten wie Miete, Strom, Versicherungen laufen aber weiter. So rutscht man schnell ins Minus. Prüfen Sie immer ganz genau, ob nicht irgendeine Versicherung haftet. Waren Sie auf dem Weg zur Arbeit? Haben Sie ein Ehrenamt und ist in diesem Zusammenhang der Unfall passiert? Hat die Gemeinde vielleicht Schuld am Unfall? Haben Sie nicht doch eine eigene Unfallversicherung, an die Sie sich nur nicht mehr erinnern? Manchmal kauft man ja mit Kreditkarten Reisen und ist so automatisch auch unfallversichert. Also alles prüfen, bevor man verzweifelt den Kopf in den Sand steckt. Geben Sie nie zu früh auf!

Versicherungen versuchen im Schadensfall immer gern, die Kostenübernahme zu verweigern. Auch das kann ein Grund für die Schuldenfalle sein.

Tipp: Überlegen Sie vorher genau, was Sie der Versicherung im Schadensfall sagen. Lesen Sie dazu noch einmal die Vertragsbedingungen durch!

Ihr Kind wird **krank** oder Ihre Frau braucht eine Therapie, die die Krankenkasse nicht bezahlt. Es ist aber Ihre einzige Chance gegen diese **Krankheit**. Sie verschulden sich. Oder Ihre **Wohnung brennt**, das **Dach stürzt ein**. Sie haben keine Rücklagen und stehen nun vor einem Scherbenhaufen. Es gibt viele Wege in die Überschuldung, die vermeidbaren und die unvermeidbaren.

DIE FALLEN IM INTERNET

Wer heutzutage nicht mit einer kritischen Selbstdisziplin ins Internet geht, ist für die Schuldenfalle höchst gefährdet. Denn das Internet bietet so viele Abzock-Möglichkeiten, auf die man hereinfallen kann. Wer da nicht aufpasst, steckt schnell in der Schuldenfalle. Vor allem sind es oft kleine Beträge, die Sie schnell abschreiben, weil sich eine gerichtliche Auseinandersetzung nicht lohnt. Aber solche Abzocker haben übers Internet gleich tausendfach zugeschlagen. Für Sie ist es ein kleiner Betrag, den Sie leicht verschmerzen können, für die Abzocker ist es aber eine Riesensumme. Hier hilft nur eine eiserne Resistenz gegen Verlockungen wie „Sie haben gewonnen", „Wann holen Sie Ihren 200 Euro-Gutschein ab?" Einige Beispiele:

DER GEHALTSRECHNER

Sie wollen wissen, welches Gehalt Sie nach Abzug von Steuern und Abgaben erhalten? Kein Problem. Im Internet gibt es viele Angebote, so unter anderem einen Gehaltsrechner, vor dem die Verbraucherzentralen inzwischen warnen. Diese Seite rechnet Ihnen schnell und exakt aus, was Sie künftig verdienen. Aber bevor es dazu kommt, fragt der Gehaltsrechner einige persönliche Daten ab – angeblich, um Ihr Gehalt zu berechnen. In Wahrheit aber willigen Sie damit ein, diesen Gehaltsrechner für ein Jahr lang zu abonnieren und zu bezahlen. Irgendwo haben Sie in der Eile etwas im Kleingedruckten übersehen.

Tipp: Nicht Bange machen lassen. Solche Typen drohen gerne mit Mahnbescheid und Gerichtsvollzieher. Nicht zahlen, die melden sich i.d.R. nicht mehr!

DER WARENTESTER

Sie wollten immer schon mal neue Produkte testen? Kein Problem. Im Internet gibt es massenhaft Angebote. Der Haken dabei ist nur: Sie müssen erst einmal bezahlen, und zwar eine so genannte Mitgliedschaft oder eine Vermittlungsgebühr. Damit das Internetportal Sie angeblich zu Firmen hin vermittelt, die Produkttester suchen. Geld sehen Sie da nie, vielleicht hin und wieder das eine oder andere Pröbchen. Aber auf jeden Fall treten Sie erst einmal in Vorleistung. Schützen Sie sich vor dieser Schuldenfalle, indem Sie sich selbst generell sagen: „Ich zahle nie etwas, bevor ich nichts gesehen habe! Und ich trete bei einem Nebenjob nicht in Vorleistung!"

SCHÜTZEN SIE SICH VOR LANGFRISTIGEN VERTRÄGEN

Viele Unternehmen setzten auf die Dummheit und Ungenauigkeit der Leute. Sie gehen nämlich davon aus, dass sie das Kleingedruckte nicht genau lesen. So auch bei Zeitungs- und Zeitschriften-Abonnements. Auch hier werden Sie erst mit kostenlosen Lieferungen und Geschenken angelockt. Im Kleingedruckt des Auftrags steht aber:

„Wenn Sie nicht mindestens eine Woche vor Ablauf der Probelieferung schriftlich beim Verlag kündigen, verlängert sich die Zustellung automatisch um drei Monate oder ein Jahr."

Zack, und schon sitzen Sie in der Abofalle. Viele übersehen das nämlich oder vergessen es. Und schon haben Sie wieder einmal regelmäßige Kosten am Hals, die Ihren Schuldenberg immer größer werden lassen. Finger weg von solchen Angeboten, oder aber legen Sie gleich bei Bestellung die Kündigung zurecht.

Ein anderes Beispiel, das auch gehörige Konsequenzen haben kann: Wenn Sie bei Ihrem langfristigen Mobilfunkvertrag mit den Raten in Rückstand geraten, kann es Ihnen passieren, dass gleich alle Raten über die gesamte Vertragslaufzeit mit einem Mal fällig werden. Und das kann einen schon aus der Bahn werfen.

DIE SCHNELLKREDIT-VERMITTLUNG

Übel sind solche Anbieter, die Ihnen suggerieren, sie könnten Ihnen ohne Schufa-Auskunft innerhalb von 24 Stunden einen Kleinkredit besorgen. Der Haken an der Sache ist, dass Sie vorab erst mal eine Vermittlungsprovision oder Kostenpauschale überweisen müssen. Den Kredit sehen Sie nie. Denn solche obskuren Briefkasten- und Postfachfirmen schieben später Versicherungsverträge nach, die Sie erst mal abschließen müssen, um an den Kredit zu kommen. Dabei signalisieren sie immer wieder, dass die bereits eingereichten Unterlagen für eine Kreditgewährung reichten. Hier wird den Leuten, denen ohnehin schon das Wasser bis zum Hals steht, noch der letzte Cent aus der Tasche gezogen. Oft stellen Schuldnerberatungsstellen fest, dass solche Leute in ihrer Not ausgerechnet diesen Abzockern auf den Leim gehen.

MILLIONÄR IM INTERNET?

Vielfach ist davon die Rede, dass man Millionär im Internet oder mit dem Internet werden kann. Man bietet Ihnen dafür Produkte an, die angeblich dazu hinführen sollen. Das Internet ist ein so komplexes Gebilde geworden, dass es für den einzelnen immer unüberschaubarer wird. Wer im Internet wirklich Geld verdienen will, muss verdammt clever sein. So einfach geht das nicht. Sie kaufen dann solche Produkte und wissen nichts damit anzufangen. Vor allem aber passiert eins: Wenn Sie erst einmal Blut geleckt haben, dann kann sich das wie eine Sucht entwickeln, und sie opfern am Ende Ihr letztes Geld und rutschen so immer tiefer in die Schuldenfalle. Gerade viele Hartz IV-Empfänger wenden sich solchen Angeboten im Internet zu, weil sie bereits vorher alles andere wie Kugelschreiber montieren ausprobiert haben.

GEWINNE IM INTERNET?

Glauben Sie nicht den riesigen Gewinn-Versprechungen im Internet. Wie viele Autos, Flachbildschirme und Kameras da tagtäglich verschenkt werden, klingt unglaublich. Kein einziges Geschenk davon geht wirklich raus. Solche Aktionen verfolgen nur einen Zweck: Ihnen auf irgendeinem Weg Geld aus der Tasche zu ziehen. Selbst wenn man Ihnen 250 Visitenkarten schenkt, zahlen Sie mindestens bei den Portokosten kräftig drauf. Lassen Sie die Finger von solchen Angeboten. Die wollen Sie nämlich nur weich klopfen für ganz andere Geschäfte. Oder sie wollen einfach nur Ihre Adressen sammeln, um Ihnen dann andere Angebote bei nächster Gelegenheit unterzujubeln.

Das Internet bietet heute die Möglichkeit, permanent auf seinen potenziellen Kunden einzudreschen. Vor allem aber fällt es durch die Speicherung bestimmter Daten in den Suchmaschinen leichter, gezielt Kunden zu bearbeiten. Die Anbieter wissen, wonach gesucht wird. Sie brauchen also nur noch ein entsprechendes Angebot zu basteln. Wer sich also im Internet bewegt, sollte immer dies im Hinterkopf haben und nicht von ehrenwerten Absichten ausgehen. Der muss nämlich wissen: Ich werde hier noch intensiver bearbeitet als die Hausfrau vormittags an der Tür vom Teppichsauger-Verkäufer.

PRAKTISCHE TIPPS GEGEN DIE SCHULDENFALLE

Prepaid-Handy

Bremsen Sie sich beim Telefonieren selbst aus. Schließen Sie keinen Mobilfunkvertrag ab, um die Kosten selbst und ständig zu kontrollieren. Ist kein Guthaben mehr vorhanden, dann müssen Sie wieder in die Tasche greifen. Sie überlegen genauer, ob die Investition jetzt nötig ist. Vermeiden Sie langfristige Vertragsbindungen. Oder wissen Sie genau, was in ein oder zwei Jahren ist?

VORSICHT MIT PERSÖNLICHEN DATEN

Überlegen Sie sich genau, wem Sie welche Daten über sich geben. Bevor Sie schnell mal was unterschreiben, nehmen Sie den Vertrag erst mit nach Hause und lesen Sie ihn in Ruhe durch. Unterschreiben Sie nie etwas zwischen Tür und Angel. Auch am Telefon sollten Sie vorsichtig sein. Geben Sie nie Ihre Kontodaten heraus. Es ist schnell mal etwas abgebucht und Sie übersehen es vielleicht in der Hektik. Auch bei Kreditkarten sollten Sie ähnlich vorsichtig sein. Bei Zeitungsbestellungen sollten Sie sich nie langfristig binden, etwa auf ein Jahr.

TRETEN SIE <u>NIE</u> IHR GEHALT AB

Manchmal enthalten Verträge wie zum Beispiel beim Autokauf Klauseln, die eine Gehaltsabtretung im Falle des Ratenverzugs vorsehen. Vorsicht, denn das kann unter Umständen Ihren Arbeitsplatz in Gefahr bringen. Denn weiß Ihr Arbeitgeber etwas von Ihren finanziellen Problemen, kommen Sie unter Umständen für bestimmte Jobs nicht mehr infrage, etwa an der Kasse. Es lohnt sich, gegen mögliche Überschuldung Verträge genau zu kennen.

REAGIEREN SIE RECHTZEITIG

Wichtig ist es, im Fall der Überschuldung nicht den Kopf in den Sand zu stecken. Man muss dem Problem klar begegnen, bevor noch mehr passiert. Das heißt konkret: Wenn Sie klamm sind, reden Sie mit Ihren Gläubigern, bevor diese teuren Anwaltsbüros und Inkassounternehmen beauftragen, die wiederum nochmals Kosten verursachen. Schreiben Sie denen, sie seien im Moment durch Krankheit in eine etwas schwierige finanzielle Situation geraten und bitten um etwas Aufschub. Sie anerkennen den geschuldeten Betrag und bitten zur Vermeidung weiterer Kosten darauf zu verzichten, ein Inkassobüro zu beauftragen.

Dann haben Sie auf jeden Fall etwas in der Hand, wenn es später nun doch dazu kommt, dass man Ihnen das auch noch anhängen will. Jeder Richter wird dann solche Kostenanträge über Mahngebühren, horrende Zinsen und Anwaltskosten vom Tisch fegen. Dazu gibt es auch inzwischen höchstrichterliche Urteile.

SETZEN SIE PRIORITÄTEN BEI ÜBERSCHULDUNG

Bei der drohenden Überschuldung ist es ganz besonders wichtig, folgende Prioritäten zu beachten:

- Der Erhalt der eigenen Wohnung steht im Vordergrund. Bezahlen Sie also die Miete pünktlich. Prüfen Sie, ob Ihnen Mietzuschüsse, Wohngeld, oder Wohnberechtigungsschein für günstige Sozialwohnungen zustehen. Es gibt auch Wohngeld für Eigentum!

- Strom und Energie sowie Telefon müssen beglichen werden. Verhindern Sie, dass Ihnen der Strom abgeschaltet wird. Zur Not gehen Sie zu Ihrem Versorger und reden mit ihm.

- Sorgen Sie erst für den eigenen Lebensunterhalt, bevor Sie Schulden begleichen. Das eigene Essen, die Ernährung Ihrer Familie samt Hygiene und Fahrtkosten zur Schule und Arbeit gehen vor Schuldentilgung.

- Unterhaltszahlungen sind einzuhalten, weil sonst gerichtliche Zwangsmaßnahmen drohen. Wenn Sie zu Unterhalt verpflichtet sind, dann sollten Sie auch versuchen zu zahlen. Denn sonst drohen Ihnen empfindliche Strafen bis hin zur Verhaftung. Unter Umständen können Sie bei der zuständigen Stelle (Jugendamt oder Vormundschaftsgericht) eine Reduzierung Ihres Unterhalts beantragen, wenn Ihre Einkünfte mindestens sechs Monate lang geringer sind als bisher.

- Ein eigenes Konto ist zu erhalten. Sie sollten unbedingt in der heutigen Zeit darauf achten, ein eigenes Konto zu haben. Es läuft kaum noch etwas mit Bargeld, allenfalls an der Sozialhilfekasse. **Tipp: Wenn Ihnen keine Bank mehr ein Konto gewährt, weil Sie bereits in der Schufa mit negativer Bewertung stehen, dann gehen Sie zur Postbank. Die gewährt den meisten Antragstellern ein Konto auf Guthabenbasis.** Sämtliche staatlichen Renten laufen auch erst einmal über die Postbank, es sei denn, man gibt ein anderes Konto an. Auch manche Raiffeisen- und Volksbanken gewähren Konten auf Guthabenbasis ohne Dispositionskredit. Fragen Sie einfach nach einem Konto auf Guthabenbasis.

- Bleiben Sie mit dem Finanzamt im Reinen. Denn die verstehen wirklich keinen Spaß und stehen schnell mit eigenen Vollstreckungsbeamten vor der Tür oder sperren Ihr Konto, pfänden Ihr Auto oder Arbeitsgerät. Achten Sie darauf, auch Ihre Kraftfahrzeugsteuer zu begleichen. Falls Steuerforderungen anstehen, reden Sie lieber mit Ihrem Sachbearbeiter. Denn das Finanzamt ist zumindest in diesem Punkt schnell. Und es hat eigene Vollstreckungsbeamte.

- Sichern Sie Ihr Konto gegen unberechtigte Zugriffe ab, etwa gegen gerichtliche Pfändungsbeschlüsse, indem Sie Ihre persönliche Pfändungsfreigrenze hinterlegen, etwa durch Unterhaltsverpflichtungsnachweise. Wenn die Bank von nichts weiß, dann zahlt sie aufgrund eines Vollstreckungsbescheids relativ schnell aus. Sie müssen also vorbereitet sein und notfalls die Bank mit der Hinterlegung von Dokumenten vorwarnen. Auch ist es ratsam, ständig seine Kontoauszüge zu kontrollieren. Denn nur so stellen Sie fest, ob irgendetwas „im Busch" ist.

- Sichern Sie Ihr Gehalt gegen unberechtigte Zugriffe ab, etwa durch Hinterlegung von Unterhaltsverpflichtungsnachweisen im Lohnbüro oder dergleichen. Genauso wie beim Konto ist es auch mit Ihrem Gehalt. Das sind nämlich die ersten Zugriffe, die Gläubiger machen. Es reicht, wenn Sie dem Sachbearbeiter oder der Sachbearbeiterin in dem Lohn- oder Gehaltsbüro Ihrer Arbeitsstelle entsprechende Dokumente hinterlegen.

DER GERICHTLICHE MAHNBESCHEID

Wie verhält man sich, wenn einem ein gerichtlicher Mahnbescheid ins Haus flattert? Man sollte ihn nicht einfach ignorieren. Zunächst einmal gilt: Er muss Ihnen persönlich zugestellt werden. Wenn Sie unter der Adresse nicht mehr wohnen, kann er Ihnen dort auch nicht mehr zugestellt werden. Ein nicht ordnungsgemäß zugestellter Mahnbescheid ist nicht wirksam. Der Gläubiger kann aber vom Einwohnermeldeamt die neue Anschrift erfahren und Ihnen dann die Forderung schriftlich präsentieren. Denn nach dem deutschen Meldegesetz müssen Sie sich ordnungsgemäß an Ihrem neuen Hauptwohnsitz anmelden.

Achten Sie genau auf die Fristen im Mahnbescheid. In der Regel sind die kurz gesetzt, etwa ein bis zwei Wochen. Innerhalb dieser Zeit können Sie dem Mahnbescheid widersprechen. Ein Widerspruch setzt ihn erst einmal außer Kraft. Und er gibt auch dem Gläubiger die Gelegenheit, darüber nachzudenken, ob man sich jetzt auf ein Zivil-Gerichtsverfahren einlässt. Alles kostet Geld. Der Gläubiger muss auch erst mal für die Zustellung des Mahnbescheids Gebühren hinterlegen. Manchmal hört man nach einem Widerspruch nichts mehr, in der Regel dann, wenn die Forderungen aus zweifelhaften Geschäften im Internet oder an der Haustür herrühren. Manchmal gibt es aber auch nur Einwände gegen Teile des Mahnbescheids, etwa gegen zu hohe Zinsen und Gebühren. Sind die Forderungen berechtigt, sollte man sich überlegen, ob man einen Widerspruch einlegt, denn auch der verursachten Kosten.

DIE STEUERFAHNDUNG STEHT VOR DER TÜR

Kooperieren Sie lieber mit den Beamten von der Steuerfahndung. Denn die sitzen im Zweifel am längeren Hebel und können ganz unangenehme Zwangsmaßnahmen gegen Sie ergreifen. Legen Sie sich immer die Telefonnummer Ihres Anwalts parat, den Sie auf jeden Fall anrufen dürfen. Darauf haben Sie ein Anrecht. Schweigen Sie zu inhaltlichen Vorwürfen, die man Ihnen macht. Helfen Sie bei der Suche nach bestimmten Akten, denn die finden das, was sie suchen, i.d.R. sowieso.

DER GERICHTSVOLLZIEHER KOMMT

Häufig drohen Gläubiger gleich mit dem Gerichtsvollzieher. Der scheint in Deutschland manchmal ein echtes Schreckgespenst zu sein. „Kuckuck kleben" ist allen ein Begriff. Das ist die Siegelmarke auf solchen Geräten und Einrichtungsgegenständen, die der Gerichtsvollzieher in Beschlag genommen hat, also für die Gläubiger verwerten will. Solche mit einem „Kuckuck" versehenen Gegenstände dürfen nicht mehr aus der Wohnung geschafft werden. Aber Gerichtsvollzieher sind auch nur Menschen, und sie tun im Auftrag der Gläubiger und des Gerichts ihren Job. Ganz normale Haushaltsgegenstände können nicht gepfändet werden, in der Regel nur Luxusgüter. Wenn Sie glaubhaft machen, dass Sie Ihren Laptop brauchen, um Ihre beruflichen Chancen zu wahren, kann er auch den nicht mitnehmen. Haben Sie allerdings einen teuren Plasma-Fernseher in der Wohnung, wird er den gegen ein preiswerteres Gerät ersetzen. Wenn Sie den Gerichtsvollzieher schon erwarten und deswegen die Tür nicht öffnen, hilft Ihnen das auch wenig. Denn er kann sich nach wiederholtem erfolglosem Versuch Zugang zur Wohnung verschaffen.

OFFENBARUNGSEID – WAS IST DAS?

Wenn die Gläubiger nicht an ihr Geld kommen, bleibt ihnen als letzte Möglichkeit, Sie zu einem so genannten Offenbarungseid zu zwingen. Früher sagte man: „Der hat die Finger oder die Hand gehoben". Das heißt, Sie müssen gegenüber dem Gerichtsvollzieher Ihr gesamtes Vermögen auf den Tisch legen. Selbst den Inhalt Ihrer Geldbörse müssen Sie zeigen. Da geht es um Grundbesitz, Lebensversicherungen, ja selbst um noch zu erwartende Erbschaften, um vermögenswirksame Leistungen, Sparverträge und einfach alles, was irgendwie zu Geld zu machen ist. Sie müssen quasi die „Hose voll runterlassen". Man fragt sie nach einem Auto. Wie kommen Sie zur Arbeit? (Vorsicht: Fangfragen!) Vor allem wird hinterfragt, ob Sie in den vergangenen zwei Jahren Vermögenswerte beiseitegeschafft haben, etwa an die Ehefrau oder Kinder etwas verschenkt haben. Denn das kann zur Insolvenzmasse wieder herangezogen werden. Alle Angaben müssen der Wahrheit entsprechen. Weist man Ihnen später Falschangaben nach, kann das empfindlich – bis hin zur Haftstrafe – geahndet werden. Sie können dem Offenbarungseid auch nicht entfliehen. Wenn Sie der wiederholten Aufforderung nicht nachkommen, stellt man gegen Sie einen Haftbefehl aus. Sie werden dann bei nächster Gelegenheit zwangsweise vorgeführt und so zur Abgabe des Offenbarungseids gezwungen.

Hüten sie sich auch immer davor, bewusst Kredite platzen zu lassen in Erwartung einer Insolvenz. Das kann zivilrechtlich wie strafrechtlich Konsequenzen haben, wenn man Ihnen Absicht nachweist. So können Sie unverschuldet in Schwierigkeiten kommen, wenn Ihnen die Bank bereits das Konto gekündigt oder das Finanzamt eine Kontensperre verhängt hat. Geht nämlich während dieser Zeit eine Erstattung (quasi als durchlaufender Posten) von der Krankenkasse auf Ihrem Konto ein, dann ist die weg. Und Sie können plötzlich nicht mehr den

Zahnarzt bezahlen, für den die Erstattung bestimmt war. Und der wird Sie dann prompt verklagen. Er unterstellt Ihnen im Zweifel, dass Sie bei ihm Leistungen in Anspruch genommen haben, obwohl Sie die von vornherein klar nicht begleichen konnten. Dann haben Sie nämlich schnell eine Klage wegen Betruges am Hals. Wenn der Zahnarzt nämlich plötzlich Ihr gesamtes Schuldenpaket sieht, wird er versuchen, Ihnen das anzuhängen. Und es ist nicht leicht, in einer ohnehin schon misslichen Lage da wieder raus zu kommen. Im Zweifel wird er Sie sogar soweit verfolgen, dass Ihnen in diesem Punkt die Restschuldbefreiung am Ende eines Insolvenzverfahrens versagt wird.

SO SCHÜTZEN SIE VERSICHERUNGEN VOR INSOLVENZ

Ein ganz besonderes Thema bei den Vermögenswerten ist das der Versicherungen. Die versucht man gerne zu „verwerten", wie es in der Fachsprache heißt. Es ist zu unterscheiden zwischen privaten Lebens- oder Kapitalversicherungen und Rentenversicherungen. Die Zukunfts-vorsorge, also Rentenversicherung, ist unantastbar. Nun kann man ja auch Kapitalversicherungen auf der Basis von Rentenleistungen abschließen. Also, man bekommt am Ende der Laufzeit nicht eine Kapitalsumme auf einmal ausbezahlt, sondern monatliche Raten. Aber auch bei den Kapitalversicherungen gibt es Schranken für den Gerichtsvollzieher und Insolvenzverwalter. Sind Verträge nämlich als so genannte Firmendirektversicherungen abgeschlossen worden, dann ist Eigentümer zunächst einmal die Firma. Denn die hat mit Zustimmung des Arbeitsnehmers Gehaltsanteile, etwa das Weihnachtsgeld, direkt in eine Versicherung auf den Namen des Mitarbeiters angelegt. Das hat steuerliche Vorteile. Riesterverträge sind als Rentenverträge sowieso vor dem Zugriff geschützt. Letztendlich sind auch Einzahlungen in berufsständische Versorgungswerke, etwa dem Presseversorgungswerk, die je zur Hälfte vom Verleger und Arbeitnehmer geleistet werden, besonders geschützt. Gerne versuchen Insolvenzverwalter sie als Gehaltsbestandteile zu deuten. Hier muss man aufpassen und sich notfalls wehren, auch mit einem Antrag beim Insolvenzgericht. Unter Umständen warnen Sie auch Ihre Versicherung mit einem Hinweis vor. Aber die großen zumindest haben gute Rechtsabteilungen, die darin absolut fit sind.

Wenn man am Ende der Schuldenfalle nicht völlig mittellos dastehen will, muss man sich auf solche Dinge gut vorbereiten. Vor allem sagt einem das niemand vorher. Selbst die Schuldner-Beratungsstellen kennen nicht alle Schleichwege und sind dann ratlos.

HEIKLES THEMA
AUSBILDUNGSVERSICHERUNG

Ein heikles Thema sind die für die Kinder abgeschlossenen Ausbildungsversicherungen. Da die Kleinen ja noch nicht geschäftsfähig sind, treten zwangsläufig ein oder beide Elternteile im Vertrag an deren Stelle. Sie zahlen ja auch für Ihre Kinder in den Vertrag ein. Zur Not muss hier rechtzeitig der Vertrag auf den Elternteil übertragen werden – auch von der Versicherung schriftlich bestätigt -, der nicht von der Insolvenz oder Offenbarungseid betroffen ist. Oder aber es sind die Verträge von vornherein so abzuschließen, dass sie zweifelsfrei den Kindern zuzuordnen sind. Das hat dann aber später wieder den Nachteil, wenn Sie fürs Studium Bafög beantragen wollen und die Kinder zum Teil nicht unerhebliche Versicherungsvermögen eben für ihr Studium angeben müssen. Dann fällt nämlich die staatliche Förderung flach.

WIE IST EINE MIETKAUTION ZU BEHANDELN?

In der Regel gehören Mietkautionen zur eigenen Wohnung. Genauso wie die eigene Wohnung vom Insolvenzverwalter nicht gekündigt werden darf (es sei denn, Sie wohnen in einer Luxus-Penthouse-Wohnung), kann der Insolvenzverwalter auch die hinterlegte Mietkaution nicht herausfordern. Wenn Sie allerdings statt einer Mietkaution eine Bankbürgschaft hinterlegt haben, kann es Probleme geben. Wenn Ihnen nämlich die Bank Ihr Konto kündigt, ist auch die Bürgschaft für die Mietkaution fällig. Spätestens dann geht eine Mitteilung an den Vermieter, und der wird so von Ihren finanziellen Problemen erfahren. Reden heißt hier die Devise. Treten Sie die Flucht nach vorne an und klären das in einem Gespräch. Versichern Sie glaubhaft anhand von Kontoauszügen, dass Sie trotz finanzieller Klemme pünktlich die Miete überweisen können. Ganz anders ist es, wenn Sie Besitzer einer Eigentumswohnung sind und diese vermietet haben. Dann verwalten Sie auch in der Regel ein Konto oder Sparbuch auf Ihren Namen mit der Kaution, die Ihr Mieter bei Ihnen hinterlegt hat. Auch hier gilt, die Flucht nach vorne antreten. Legen Sie solche Beträge immer klar definiert als Mietkautionskonto, am besten noch mit Bezug aufs Objekt oder den Mieter, an. Dann wird jeder Insolvenzverwalter oder jedes Gericht sehen, dass dies nicht zur verfügbaren Masse gehört. Denn das Geld gehört Ihnen ja nicht, nur im Fall der Nichtzahlung von Miete oder Beschädigungen an der Wohnung.

PFÄNDUNGSFREIGRENZEN: DAS BLEIBT IHNEN

Die aktuellen Pfändungsfreigrenzen finden sich überall im Internet in den gängigen Suchmaschinen. Sie werden von Zeit zu Zeit, wie übrigens auch die Unterhaltssätze für Kinder, der Inflations-Entwicklung angepasst.

Generell kann man nur folgendes sagen: Einer Einzelperson stehen rund 1.000 Euro (etwa der Sozialhilfesatz) pfändungsfrei im Monat zu. Kommt allerdings eine nicht berufstätige Ehefrau hinzu sowie zwei Kinder, dann erhöht sich die Pfändungsfreigrenze auf rund 1.800 Euro im Monat. Aufgepasst: Die Freigrenze wird immer auf monatlicher Basis berechnet und nicht am Ende des Jahres durch zwölf geteilt. Wenn man also eine Rentennachzahlung für drei Monate nachträglich bekommt, auch wenn diese durch Einsprüche des Insolvenzverwalters verursacht war, dann wird diese den sonstigen monatlichen Einkünften hinzugerechnet. Wenn man Pech hat, überschreitet man damit die Freigrenze, und der Insolvenzverwalter schlägt sofort und gnadenlos zu. Man kann also diese Rentenzahlung nicht auf drei Monate aufteilen, für die sie ja bestimmt war. Solche Dinge muss man vorher wissen, den Renten- oder Krankengeld-Sachbearbeiter darauf hinweisen und um Verständnis für eine zügige Bearbeitung bitten. Zur Not fragt man um die Auszahlung eines Abschlags nach.

Ein anderes Beispiel, bei dem Sie aufpassen müssen, ist folgendes: Haben Sie mit Ihrer Firma eine Direktversicherung abgeschlossen, in die beispielsweise das dreizehnte Monatsgehalt fließt, dann wertet der Insolvenzverwalter das als Gehalt und zieht Ihnen den Rest von der laufenden Auszahlung ab. Sie dürfen sich dann also nicht wundern, wenn Sie Weihnachten nur das halbe Gehalt auf dem Konto haben.

Selbst wenn man schon in der Schuldenfalle drinsteckt, lauern immer noch weitere neue Fallstricke.

DAS INSOLVENZVERFAHREN

Wenn wirklich gar nichts mehr geht, dann müssen Sie die Reißleine ziehen, und die heißt: Privatinsolvenz. Seit einigen Jahren hat der Gesetzgeber es auch Privatpersonen ermöglicht, wieder in ein menschenwürdiges Leben zurückzukehren. Bis dato war es nämlich so, dass derjenige, der seine Schulden nicht mehr bezahlen konnte, einen Offenbarungseid ablegen musste. Und alle paar Monate klopfte wieder einmal der Gerichtsvollzieher an seiner Tür, um sich in der Wohnung umzuschauen, ob er denn nicht doch etwas pfänden konnte oder ob der Schuldner zwischenzeitlich doch ein angenehmes Leben führt. Ein Leben lang!

Heute ist es anders. Wer nicht mehr kann, der begibt sich in die **Schuldnerberatung**. In der Regel unterhalten die Kirchen mit ihren Organisationen wie Amt für Diakonie (evangelische Kirche) oder Caritas (katholische Kirche) solche kostenlosen Dienste.

Aber: Die Wartezeiten sind teils lang, denn der Andrang ist groß. Es gibt auch private Schuldnerberater, die aber Geld kosten, das man eigentlich nicht hat. Anerkannte Schuldnerberatungsstellen können ihren Aufwand teilweise bei staatlichen Stellen abrechnen.

Dort wird mit professioneller Hilfe versucht, sich privat mit den Gläubigern zu einigen. Zuerst einmal wird Ordnung ins Chaos gebracht. Rechnungen und Forderungen werden gesichtet. Was muss am dringlichsten beantwortet werden? – ist die erste Frage. Zusammen mit dem Schuldenberater wird dann überlegt, was man denn den Gläubigern anbieten kann. Dazu erfolgt erst einmal eine Aufstellung der Gläubiger und der Forderungssummen. Daraus ergibt sich eine prozentuale Aufschlüsselung. Also, wenn meine gesamten Schulden 10.000 Euro betragen und ich dem Gläubiger A davon alleine 3.000 Euro schulde, dann hat der einen Anteil von 30 Prozent an der Schuldensumme, folglich auch im späteren Insolvenzverfahren einen Anteil von 30 Prozent an dem verbliebenen und noch zu verteilenden Restguthaben. Oft handelt es sich auch um so genannte „Null-Vergleiche", also da ist dann rein gar nichts mehr zu verteilen.

Man unterbreitet danach den Gläubigern ein Angebot zur Schulden-Begleichung (Schuldenbereinigungsplan) im so genannten außergerichtlichen Einigungsversuch. Gleichzeitig wird um Zahlungsaufschub gebeten, damit außer den Zinsen (8,5 %) nicht weitere Kosten anfallen. Wenn Sie noch Geld zu verteilen haben, etwa aus Ihrem Einkommen monatliche Raten abstottern können, dann schlagen Sie das zusammen mit Ihrem Schuldenberater allen Gläubigern vor. Die müssten dann im Gegenzug auf ihre Restforderungen verzichten. Der Haken daran: Widerspricht nur einer, ist der Plan komplett gescheitert. Doch manchmal ist den Gläubigern der Spatz in der Hand sicherer als der Vogel auf dem Dach, heißt: Wenn ein Gläubiger 20 Prozent seiner Forderung jetzt sofort bekommt, greift er sicher zu, als sich auf ein unsicheres Insolvenzverfahren einzulassen, das ihm vielleicht nach sechs Jahren weniger einbringt. Erst wenn die außergerichtliche Einigung gescheitert ist, dann wendet man sich mit einem Antrag auf Verbraucherinsolvenz (PDF-Formulare gibt es im Internet, zum Beispiel unter www.bund.de) an das zuständige Insolvenzgericht (meist Amtsgericht). Hier reicht man seinen Insolvenzantrag ausgefüllt ein und legt die geforderten Dokumente wie etwa die Bescheinigung der Schuldnerberatung über den fruchtlosen außergerichtlichen Einigungs-Versuch bei. Das Gericht eröffnet dann formell das Verfahren und bestellt einen Insolvenzverwalter.

Vom Insolvenzverwalter werden Sie dann zu einem persönlichen Gespräch geladen. Hier geht es darum, wie es zu den Problemen gekommen ist, aber auch um die gegenwärtige Arbeitssituation, Ihr Einkommen, Ihre Verpflichtungen und insbesondere Ihre Vermögens-Verhältnisse.

In der Regel erscheinen Sie (keine Pflicht, sieht aber besser aus!) dann mit Ihrem Insolvenzverwalter vor Gericht, wo ein Rechtspfleger mit Ihnen gemeinsam noch einmal die Gläubigerliste durchgeht und die weiteren Verfahrensabläufe bespricht. Das Gericht schreibt danach alle Gläubiger an und bittet zu einer Gläubigerversammlung. Es ordnet einen Termin an, bis zu dem etwaige Einsprüche oder weitere Ansprüche eingereicht werden müssen. Danach ist der Deckel zu. Würden weitere Forderungen auftauchen, die wären dann nur noch schwer in die Liste zu bekommen.

Übrigens, auch der private Insolvenzantrag wird für jedermann in der Öffentlichkeit sichtbar im Internet veröffentlicht.

WOLLEN SIE DAS WIRKLICH?

Bevor Sie ins Insolvenzverfahren gehen, müssen Sie sich ganz ernsthaft die Frage stellen, ob Sie das wirklich wollen und auch durchhalten können. Denn stressfrei ist das nicht. Sie brauchen starke Nerven und müssen sich vor allem damit abfinden können, dass Sie von nun an nur noch „Mensch zweiter Klasse" sind, um es mal so zu formulieren. Sie bekommen kein anderes Konto mehr, keinen Kredit, keinen Ratenvertrag, keinen Mobilfunkvertrag und unter Umständen auch keine neue Wohnung mehr. Denn meistens wird die Schufa zuvor befragt. Und der Insolvenzantrag steht natürlich in der Schufa-Kartei.

Sie sind verpflichtet, dem Insolvenzverwalter alle Wohnortwechsel sofort mitzuteilen. Sie müssen sich bereit erklären, nach Arbeit und Einkommen zu streben und sich bei Arbeitslosigkeit um einen neuen Arbeitsplatz bemühen. Der Insolvenzverwalter hat die Finger auf Ihrem Konto und fragt zuallererst, ob Sie noch Rückerstattungen vom Finanzamt zu erwarten haben. Von da an kommuniziert das Finanzamt nicht mehr mit Ihnen, sondern nur noch mit Ihrem Insolvenzverwalter. Jedes Finanzamt hat übrigens eine spezielle Stelle, die nur für Insolvenzen zuständig ist. Und die lässt sich besonders gerne lange Zeit. Selbst wenn Sie Rückerstattungen aus Zeiten vor dem Insolvenzantrag erwarten, auch wenn die Finanzbeamten so lange auf Ihren Akten gepennt haben, dann interessiert das den Insolvenzverwalter wenig. Ihn kümmert es auch nicht, dass Sie für die hervorragende Arbeit dem Finanzamt gegenüber einen Steuerberater engagiert haben. Der Insolvenzverwalter streicht die volle Rückerstattung ein und lässt Sie eiskalt auf der Rechnung alleine sitzen. Für ihn zählt nur noch, was nach dem Insolvenzantrag bei Ihnen eingeht und zu verwerten ist.

Sie dürfen fortan auch nicht mehr eigenständig einen Anwalt beauftragen, der ja Kosten verursachen könnte. Es sei denn, Sie haben eine Rechtsschutzversicherung oder sind anderweitig – eventuell über die Versicherung Ihres Partners – noch geschützt.

Sollte jemand Ihrer Gläubiger versuchen, auf Ihr Konto oder Gehalt zugreifen zu wollen, kann nur der Insolvenzverwalter das verhindern. Er gibt auch Ihr Konto zur freien Nutzung beziehungsweise zur Begleichung laufender Verpflichtungen wie Miete oder Strom an Sie wieder frei.

Die Gebühren für das Insolvenzverfahren betragen etwa 1.200 Euro. In Ausnahmefällen können auch diese Kosten gestundet werden. Selbst wenn keine Substanz mehr vorhanden ist, hat der Insolvenzverwalter das Verfahren im Auftrag des Gerichts abzuwickeln. Auch die Kosten des Insolvenzverwalters können heute mangels Masse auf Antrag an das Gericht erlassen werden. Beim zuständigen Insolvenzgericht sind verschiedene aufs Insolvenzrecht spezialisierte Anwälte registriert, die vom Gericht die Fälle zugeteilt bekommen. Manche sind auf die Abwicklung großer Firmen spezialisiert, manche aber eben auch auf Verbraucherinsolvenzen.

NACH SECHS JAHREN SCHULDENFREI

Es geht in dem Insolvenzverfahren darum, das Sie sich sechs Jahre lang „wohl verhalten" (so genannte Wohlverhaltensklausel). Das bedeutet:

- Sie dürfen nicht bewusst mit dem Ziel des Betrugs neue Schulden machen, also keine neuen Kredite aufnehmen.
- Sie müssen nach Beschäftigung streben und Ihre Bereitschaft erkennen lassen, wenigstens in kleinen Schritten zur Schuldentilgung beizutragen. Sie müssen jede zumutbare Beschäftigung annehmen.
- Sie müssen jeden Wohnortwechsel Ihrem Insolvenzverwalter mitteilen.
- Sie dürfen nicht irgendwo Werte beiseitegeschafft oder „Schwarz-Geld" auf einem Auslandskonto gebunkert haben.
- Alle Angaben müssen der Wahrheit entsprechen.
- Sie dürfen also nicht Renten, Kranken- oder Arbeitslosengeld verschweigen.

Dann bekommen Sie nach sechs Jahren alle Schulden erlassen, können wieder von vorne anfangen und ein menschenwürdiges Leben führen. Sie sind dann wieder schuldenfrei, und es erscheint bei der Schufa der Eintrag „abgeschlossenes Insolvenzverfahren". Er gilt aber nicht als Negativ-Eintrag und wird nach spätestens drei Jahren gelöscht.

Aber Vorsicht: Alles braucht seine Zeit. Sie können nicht erwarten, dass Sie gleich von allen Banken und Kreditkartenfirmen mit offenen Armen wieder empfangen werden. Sie fangen ganz von vorne an – auch beim Scoring. Es dauert also seine Zeit. Wichtig ist aber: Sie sind erstmal aus der Schuldenfalle wieder raus und können den Neuanfang in Ihrem Leben starten.

CHECKLISTE - PRAKTISCHE TIPPS GEGEN DIE SCHULDENFALLE

- Mache Dich resistent gegen Werbung
- Erliege nicht allen Verlockungen
- Gehe mit festen Einkaufsplänen in den Supermarkt
- Sonderangebote sind nicht immer preiswert
- Führe ein Haushaltsbuch und kontrolliere Ausgaben und Einnahmen
- Haben Sie alle staatlichen Zuschüsse ausgeschöpft?
- Meide lange Vertragsbindungen bei Handys und Zeitungen
- Keine Bücherclubs mit regelmäßigen Verpflichtungen
- Brauchst Du wirklich einen Decoder für Sport und Filme?
- Man muss nicht in jedem Club Mitglied werden
- Schon mal ans Trödeln gedacht? Trennen Sie sich von Überflüssigem
- Können Sie von Wertgegenständen loslassen?
- Wie wäre es denn mal mit einem Nebenjob – für alle in der Familie?
- Vorsicht bei Krediten: Vergleichen Sie die Konditionen
- Leasing kann ganz schön teuer werden
- Vorsicht beim Versandhandel
- Brauchen Sie wirklich die große Wohnung?
- Wo verschwenden Sie sinnlos Energie?
- Wo bekomme ich Strom, Gas, Telefon und Versicherungen billiger?
- Kündigen Sie überflüssige Verträge von Versicherungen, Zeitungen oder Clubs
- Rate statt Dispo? – Reden Sie mit Ihrer Bank
- Überprüfen Sie Ihre Unterhaltszahlungen
- Müssen Sie noch GEZ-Gebühren zahlen?
- Lassen Sie sich von den Zuzahlungen zu Arznei- und Heilmitteln befreien

- Können Sie auf Ihr Auto verzichten oder auf ein kleineres umsteigen?
- Schränken Sie sich beim Zigarettenrauchen ein
- Überprüfe Kontoauszüge und Rechnungen genau
- Behalte jederzeit den Überblick über Deine Finanzen
- Lege Rücklagen für Notfälle an
- Unterschreibe nie Gehaltsabtretungen
- Schütze Dich vor Pfändungen durch persönliche Freigrenzen
- Wehre Dich gegen Mahnbescheide oder Pfändungen
- Unbedachte Haustürgeschäfte sofort kündigen
- Telefonische Verträge schriftlich bestätigen lassen
- Kaufe ein Prepaid-Handy zur eigenen Kostenkontrolle
- Kaufe klug ein und vergleiche
- Bilden Sie Fahrgemeinschaften zur Kostenminderung
- Entwickele eine gesunde „Geiz ist geil"-Mentalität
- Keiner hat was zu verschenken
- Verträge genau lesen, nie spontan unterschreiben
- Gib Deine Kontodaten nicht so einfach heraus
- Überlege, wem Du Deine Adresse oder Telefonnummer gibst
- Behalte den Überblick über Dein Konto
- Überziehe nie den Dispokredit
- Stelle Dein Konto auf reine Guthabenbasis um
- Wofür brauchst Du Kreditkarten?
- Rechne, bevor Du einen Ratenvertrag unterschreibst
- Handle Rabatte aus
- Bestelle nicht leichtsinnig Zeitungen
- Vertraue nicht blind dem Promotions-Mädel
- Kontrolliere Deine Telefonkosten
- Rufe nicht obskure Nummer zurück
- Sei kritisch bei Schmeicheleien und Versprechungen
- Schalte öfter mal auf Gehirn um, statt auf den Bauch zu hören
- Lasse Dich nicht überall ködern

- Kaufe erst, wenn Du das Geld dafür hast
- Lebe nie über Deine Verhältnisse
- Lasse Dir nie etwas auf Pump aufschwatzen, auch nicht den Urlaub
- Unterschreibe keine Kreditverträge des Partners, die ausschließlich dem Partner dienen
- Bei Lebensgemeinschaften: Mietverträge gemeinsam abschließen
- Bürge nicht für andere, auch nicht für „beste Freunde"
- Gib nie Deinen Namen für fremde Geschäfte her
- Schließe keine Handy-Verträge für Fremde ab
- Bestelle keine Kreditkarte für Freunde oder Partner
- Lasse Dein Konto nicht von anderen nutzen
- Löse keine Schecks für Fremde auf Deinem Konto ein
- Kooperiere mit dem Finanzamt
- Tritt nicht als Konzessionär oder Geschäftsführer auf
- Verleihe kein Geld an andere, dafür gibt es Banken
- Schütze Dich und Deine Familie vor Krankheit und Berufsunfähigkeit
- Spiele nicht, denn der Automat gewinnt immer
- Auf den Lotto-Treffer kannst Du lange warten
- Bei Trennung kühlen Kopf bewahren statt Emotionen zeigen
- Haften Sie bei Trennung nicht allein für alte Kredite und Bürgschaften
- Verzichten Sie nie auf Unterhalt
- Gehen Sie zum Jugendamt und lassen sich Kindsunterhalt bis zu sechs Jahre lang vorstrecken
- Nach Trennung alte gemeinsame Konten sofort kündigen, Daueraufträge stornieren, Lastschriften rückbuchen (bis zu sechs Wochen möglich)

Es gibt sicher noch zahlreiche weitere Beispiele, wie Sie sich vor der Schuldenfalle schützen können. Ergänzen Sie sie individuell.

SCHLUSSWORT: NUR DER TOD IST ENDGÜLTIG!

Die Schuldenfalle ist ein ernstes Problem. Wer in ihr steckt, hat ein echtes Problem. Doch die meisten Menschen reagieren wie das Kaninchen vor der Schlange: Sie bleiben einfach wie gelähmt vor ihr stehen und machen nichts, bis sie gefressen werden. Klaren Kopf bewahren und sich immer selbst sagen: Es gibt nichts, was es nicht auch zu lösen gebe. Man muss aus seiner eigenen Starre heraus und das Problem anpacken, bevor es einen auffrisst.

Wie auch sonst im Leben bietet jedes Problem auch die Chance, es besser zu machen. Man muss es nur klar analysieren. Wenn ich einen Berg von Schulden habe, muss ich mich von lieb gewordenen Dingen und Gewohnheiten trennen. Natürlich fällt es Demjenigen schwer, der immer nur an den Fleischtöpfen gesessen hat, nun nur noch die Suppe löffeln zu dürfen. Aber nur so geht´s aus der Schuldenfalle, und da wollen Sie ja raus.

Wenn man sich vor Augen hält, dass nichts endgültig ist, außer dem Tod, dann ist das doch ein hoffnungsvoller Gedanke. Das macht Mut und gibt wieder Perspektive. Es kommt immer darauf an, aus welchem Blickwinkel heraus man das Unheil betrachtet. Oder anders gesagt:

Der negativ Denkende wird immer von einem halbleeren Glas sprechen, während der positiv Denkende das halbvolle in den Vordergrund rückt. Sehen Sie die Dinge nicht so eng. Nirgendwo wird so heiß gegessen, wie es auch gekocht wird.

Also, Kopf hoch!